區判

品味與美學的知識漫畫

LA DISTINCTION

Librement inspiré du livre de PIERRE BOURDIEU

TIPHAINE RIVIÈRE

蒂法恩・里維埃—改編   陳詠薇—譯

那超讚的！
燈芯絨西裝外套
配一雙棕鞋，
你超完美。

所以，你要在
課堂上教布赫迪厄？

對！！

好，很讚。

……去
和他們解釋，
學校延續了
社會不平等，
所以，不管他們
怎麼努力，最後
都會跟父母
走同一條路……

嗯嗯……！
你什麼都不怕，
超厲害的。

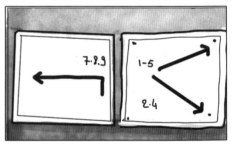

我很確定他是我們新的社會與經濟學老師！

哪裡好笑？

他眼睛長這樣！

大家好……

我叫做庫特克，

我幫勞莉老師代課，在這堂課，我們要學「文化和生活形態」。

所以，你們認為，如果一位出生平民階級的人變有錢後，他就會馬上成為主宰階級的一員囉？

在世上其中一本最重要的社會學書籍《區判》裡面，作者布赫迪厄說，這並不會發生。

他認為我們所生於的社會階級造就了我們的品味⋯⋯

⋯⋯也造就了我們思考的方式、我們的慾望、我們和工作的關係、我們的憧憬、我們的政治價值⋯⋯

⋯⋯所有構成我們的要素，甚至吃飯怎麼吃、跟誰交朋友，以及去哪裡度假。

那些主宰階級有意識或
無意識地參與
建立著一個制度⋯⋯

⋯⋯讓階級
跨越變得極其困難。

我們之後會看到，
哪些制度讓他們
持續保有優勢，同時
又讓人覺得好像一切
都是自然形成的。

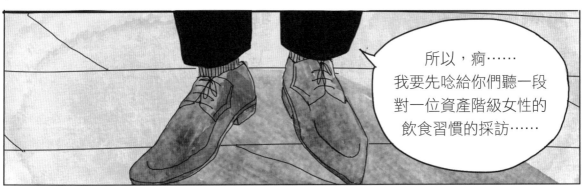

所以，痾⋯⋯
我要先唸給你們聽一段
對一位資產階級女性的
飲食習慣的採訪⋯⋯

採訪：飲食習慣

喬瑟芬・波姆
59歲，家庭主婦，和一位商業律師結婚，
父親是大工業家，母親是家庭主婦

吃飯不就是想吃
就要吃嗎？但這不該是
生活的重心，我們又
不是別人養的豬。

經濟資本：★★★
文化資本：★★★

我大兒子為了成為瑜伽老師，和未婚妻分開了。

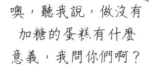

你們不知道他最新的發明吧？他在做無糖的蛋糕。

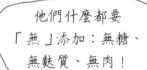

噢，聽我說，做沒有加糖的蛋糕有什麼意義，我問你們啊？

他們什麼都要「無」添加：無糖、無麩質、無肉！

我跟你們說，我們那個年代的嬉皮，他們有他們自己的問題，但至少他們很快樂，才不像這些齋戒臉！

我吃啥？

噢，煎蔬菜、沙拉，還有飯、義大利麵、馬鈴薯。

16

但我當然一直都很喜歡那些無負擔又有營養價值的食物。

噢，聽我說，一堆我們這個年紀的男人變成禿頭還不夠，還要挺出一顆大肚子......

真粗鄙。

我先生，他有一堆應酬，那種場合有一堆超有負擔的醬料......

......他很明白地跟廚師說了：晚上，一大碗沙拉、一瓶優格，夠了。

嘿，說你，齋戒臉！！

啥?! 你要隨便吃？

夠了夠了！

……夠了！

詭異的是……

她的說話方式，痂……

……實在不怎麼高尚。

而同時好像又太高尚。

她說，最重要的是要簡單就好，但又不是誰都能和她一樣……！

一旦她的孩子做的事情和她不一樣，她就覺得荒謬……

她就是不希望有任何變化。

傾向於將簡單風格化，讓人覺得任何人都能輕易做到同樣的事。

選擇自己的限制，但又不受必要的框梏。

希望保持現有的秩序。

自然地偏好那些符合標準的事物。

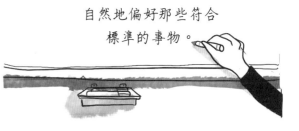

18

我們家都很愛吃！

上禮拜，校醫跟我說：「您的兒子太胖了。」

拜託！一個正在成長的小鬼就是要吃啊！！

他會有瘦下來的時間的啦！

我們有個強壯的孩子，我們有個強壯的小鬼！

我跟你們說啦，他要是不吃，我才會擔心！

如果想要的話，我也可以……

……煮蔬菜給他們吃。

不過，說實話，這才不是什麼好主意，因為我老公不喜歡，小孩們也不喜歡……

……我覺得吃飯的時候是個很寧靜愜意的時刻……

……而且我白天見不到我老公，所以我晚上也不想拿蔬菜讓他不高興咧！

嗯……圍在一桌吃川燙四季豆，這實在是……

你們從不去餐廳吃飯嗎？

哼……那為啥不乾脆去住飯店？

哈哈哈！如果要付5百多元，等一個小時，就為了吃我們自己也可以做出來的東西，那還真是謝謝喔！還不如在家裡吃！

我有一次在一間巴黎餐廳門前看他們的菜單，拜託一隻冰島龍蝦要4700台幣耶。

我跟門口接待的那個人說：「欸，你們那隻4千多的蝦子有什麼特別的，牠還會報時嗎？」

哈哈哈哈

哈哈哈！那人的臉都僵了！！

「啊，我還以為他把自己的假牙吞下去了！！」

他們太酷了！他們很窮，但是他們完全不在意！

欸，你智障嗎？

他們是在自我安慰，如果你哪天請他們去餐廳吃飯，他們就會超高興！

呿⋯⋯反正，他採訪的人都太過符合刻板印象了⋯⋯

對，而且對食物的看法也受很多因素影響，這採訪太蠢了！

沒錯，就像是我總是很餓。

當然，人類都很複雜，總會有人跨越出我們對他們的分類。

但在社會學中，理論是有統計研究基礎的，你們想想如果同一類人裡有80％從事相同的行為，那麼就該問問為什麼！

布赫迪厄所展示的，就是我們的品味和厭惡如何將我們定位於社會中。

你們可以試著理解你們的社會決定因素和它們對你們生活的影響。

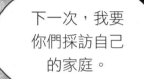

下一次，我要你們採訪自己的家庭。

《區判》就像是一本精神分析的書，這本書深刻地改變了……

鈴鈴鈴鈴鈴鈴鈴鈴 !!!!

……我的人生。

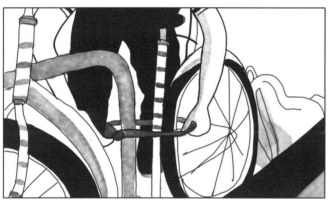

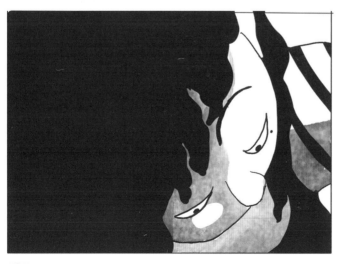

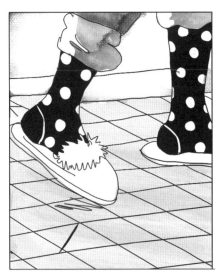

好吃的香菜蒜末、
好吃的香菜蒜末~

梅蘭尼，沒有大蒜，就無法做出香菜蒜末！

做菜中

哈囉，塔莉雅！

嗨，爸！！

過得怎樣？

我今天……！

啪啦

啊啊，有夠舒爽！！！

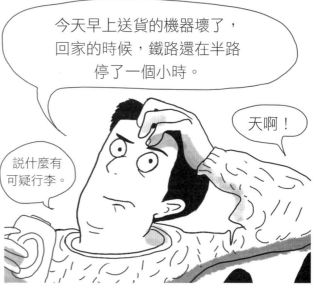

今天早上送貨的機器壞了，回家的時候，鐵路還在半路停了一個小時。

天啊！

說什麼有可疑行李。

你呢？

我的課表超滿！星期一八點半開始上課，然後星期五下午五點半才結束。

我還有一個新的社會學老師，他超好笑。

他的眼睛長這樣……

哈哈

哈 哈
哈 哈

噢，喬西！你該不會每次回家都要喝一瓶啤酒吧？

嘿，媽！！！

我們今天晚上吃什麼？

我已經把新的晚餐表貼在冰箱上了！

親愛的，
擺好餐具，我們
二十分鐘後吃飯！

好！

☆ **晚餐表** ☆

星期一
生菜沙拉
烤肉配馬鈴薯
蘋果泥

星期二
煎蔬菜
煎蛋
水果沙拉

星期三
胡蘿蔔絲
馬鈴薯泥
塔

星期四
生菜沙拉
烤蔬菜
炒蛋

星期五
奶油黃瓜
胡蘿蔔泥、雞肉
奇異果

週末
即興發揮

媽，食物
對你來說重要嗎？

煮好了，
叫爸爸來吃飯。

老爸！

吃飯了!!!

來了!!

塔莉雅問說
食物對我們來說
重要嗎……

啊姆！

我覺得重要的是，不要老是吃垃圾食物吧。

噢，對，鄰居家那些小孩就老是吃垃圾食物，無法接受！！

他們幾乎每時每刻都在吃零食吧。完全停不下來。

嘴裡一直吃著零食！

一直吃一直吃！

不過他們確實已經胖得有點誇張了！

他們是過重！

去年冬天，我們都吃自己種的菜，不用去超市買蔬菜！

我們什麼都沒有浪費，像是甜菜根的梗、菠菜葉、胡蘿蔔頭……

可是這也超麻煩，我們花太多時間儲存這些蔬菜過冬。過一段時間，我就受不了了……

確實要花很多時間，可是，你看，比如說我必須清洗番茄，但我可以自己決定什麼時候做。

如果今天晚上我想要去酒吧看球賽，這也是我自己決定的。

所以，我明天可以再弄番茄！

所以，這就是自由，是享受。

説到球賽，讓我想到昆斯他們家呢？

嗯？

我們請他們吃飯兩次了。他們從來沒有回請嗎？

有啊！拉斐爾洗禮那次，我們和所有親戚一起吃了葡萄牙牛排……

對喔!!!

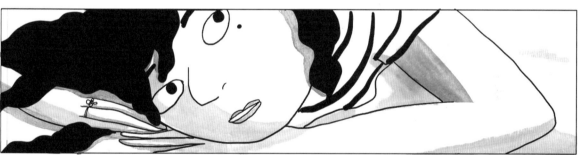

樓下還有肯德基，可是我不去那裡，那老闆是個混帳！

我有個兄弟以前在那裡工作，那老闆一天到晚給他壓力……

對啊，我和皮耶爾去的時候他一直盯著我們……

……好像我們要搶他那間連雞塊都炸不熟的臭餐廳一樣……
說真的，我做夢也不會去他那裡吃咧！

可是你去過真的餐廳嗎？

當然。

你記得穆拉德的表哥嗎？

記得，很有錢那個？

有一天晚上他跟我們說：「兄弟，穿好看一點，我們出去。」

我們就去搭車，他帶我們去一間巴黎超貴的餐廳。

我們一到，服務生看到我們就崩潰了！！

其他客人都很緊張的樣子……我跟你說，兄弟，有個老太婆就像黃鼠狼一樣蹲在椅子後面……

……穿著一件老鼠毛的大衣跟尖頭鞋，哈哈哈！

她旁邊那個男的都快嚇死了……他的心律器跳得像是在播電子樂，瞪大眼睛看著服務生……

但我們還是保持很有格調的樣子！英國女王都沒有我們這麼有氣場。

你的第一堂課怎麼樣!?

慘兮兮。

他們怪我唸給他們一些都是刻板印象的採訪，我原本要念十幾篇的，這樣比較有深度，可是我又怕他們覺得無聊⋯⋯

⋯⋯雖說他們還是學生，本來就坐不住，可能又覺得太無聊⋯⋯

我不知道要怎麼上得又好玩，又有深度⋯⋯

但實際上，可能就是這樣……

社會就是有一個顯在的外部細節，

掩蓋著一個我完全不了解的多樣現實？

嘩啦啦啦

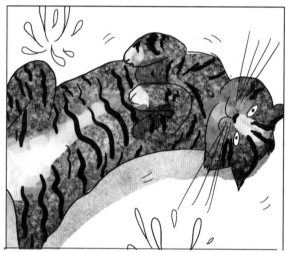

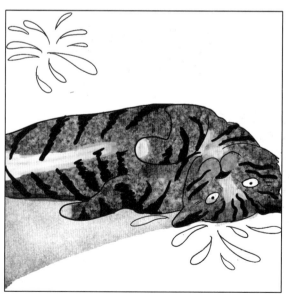

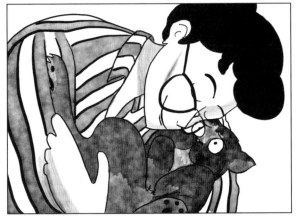

奧古斯丁？

奧古斯丁？

你洗好之後可以
用刮刀刮一下
淋浴間的玻璃嗎？

ᒊᒊᒊ ᒊᒊᒊ
ᒊᒊᒊ ᒊᒊᒊ ᒊᒊᒊ

放過我吧，
別再拿你的刮刀
來煩我了！！

就連我那個
會用牙刷刷暖氣管的
第一個室友，
都不會吵我洗澡！

不錯，用牙刷清潔
暖氣管這個主意
真不錯……

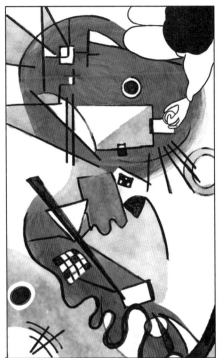

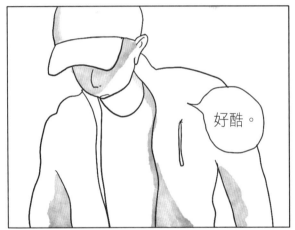

¹譯註：瓦西里·康丁斯基（Kandinsky，1866-1944）是俄羅斯畫家。

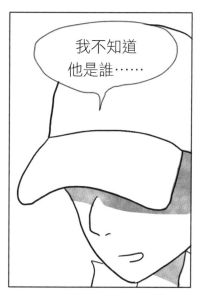

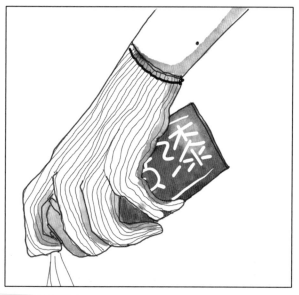

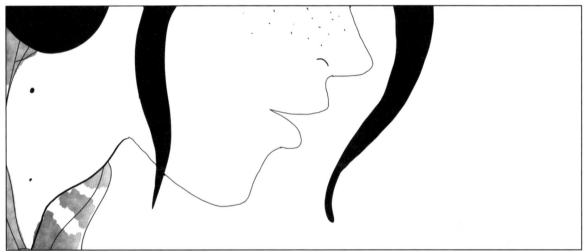

²譯註：Blu是義大利的街頭塗鴉藝術家。　³譯註：Os Gêmeos是巴西的一對雙胞胎街頭塗鴉藝術家。

我就是我,如果我不高興,我就改變不就好了。

媽,那可是我室友,你見到他的時候,要避免跟他講你對他工作的想法!

聽著……

每次他來採訪我的時候,我都很友善地回答他全部的問題,沒有多說什麼。

夠了吧,每次你見到他,都想要找機會損他。

才沒有,我很喜歡他,而且他是布列塔尼人。

再說,他會來才好,因為我讀到一篇文章,裡面說若是雙胞胎從出生就被分開,之後各自在不同階級被扶養長大,他們長大後喜歡的東西也會一樣,品味也一樣。

我倒想知道你那位朋友會怎麼用他那套爛理論來回應!

塑造我們最深刻的，是我們在最初社會化階段所學到的東西，也就是在家庭中所學到的。

然而，我們的家庭在社會中一定會擁有一個社會位置。

我們的父母可能是資產階級、小資產階級、工人、農民……他們一定有一個定位。

慣習便是社會架構再生產的核心。

它確保著支配關係和社會秩序的歷史都存在於每個人身上。

簡單來說……

……它讓我們渴望自己
能力所及的東西。

慣習提供了可能命運的評估,並「引導
每個人把現實視為自己的願望」。

換句話說,如果我們生在普通階級,就不太可能會
喜歡歌劇、馬術,還有皮鞋。

皮耶爾,請說?

這也太白痴了,
那是因為那些
東西都很貴啊!

沒錯,但也
不僅如此。

你們會怎麼對待一位喜歡高爾夫球
跟歌劇的新同學?

說到笨蛋，二年B班有個彈豎琴傢伙……

那個長鼬鼠耳朵的矮子嗎？

對，他聲音還很怪，跟美枝‧辛普森一樣。

他原本可以選吉他或是豎琴，結果他選了豎琴！

就是來搞笑的！

事實上，我們不打高爾夫球或是不去聽歌劇，並不是因為太貴，而是因為我們不喜歡。

不去喜歡那些我們無法擁有的東西，這是布赫迪厄提到的核心概念，尤其是用來定義普通階級……

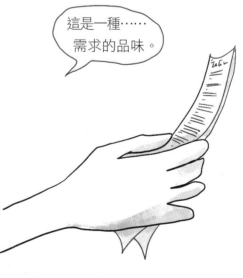

這是一種……需求的品味。

自由的品味意味著遠離需求。相反地，需求的品味就是把限制內化的結果。

無產者的品味從他們喜歡的東西中形成，但其實這些是他們被迫接受的，以及他們可能買得起的東西……

……像是量大於質，實用、方便、易於清潔或是耐用的東西。

他們的品味在於重視功能大於形式。

布赫迪厄寫説，品味的概念本身就是「典型的資產階級思想，因為它預設了絕對的選擇自由」。

你們聽聽這兩個採訪……

對主宰階級的採訪：自由的品味

還是喬瑟芬·波姆，59歲，家庭主婦，和一位商業律師結婚，父親是大工業家，母親是家庭主婦

我看到這間小木屋的時候，我馬上就和我老公說：「買下來吧。」

簡直像是上面寫了我們的名字！！

這原先是間旅館，所以有32間房間和能服務60人用餐的廚房。

這樣很好，因為我們客人很多。

孩子們總是邀請一大堆朋友來。

一切從簡，讓大家能夠過來而不必擔心打擾我們，對我們來說很重要。

我哥哥在對面有間小木屋，可是他呢，我跟你們說，他那裡才不能隨便去！

噢，聽著，那裡擺了一堆藝術品，因為怕把枕頭弄皺，我們都不敢坐下。

……而且呢，那裡很現代，你們知道的……那裡強調功能性還有人體工學，結果卻變得冷冰冰的。

把那些東西放進一棟小木屋真的太誇張了。

我的小確幸就是早上在美景前喝杯咖啡。

這就是度假。

在這裡，我可以真的放鬆，舒壓。

伊夫，48歲，
建築工人，父親是建築工人，
母親是工人

米莉雅，43歲，
家庭主婦，母親是超市店員，
父親是電氣工人

我們很幸運，
這間房子就在
高速公路和國道之間，
所以很方便。

很棒的是，下面還有
一個共享的中庭……

……對孩子們來說很好，
他們晚上都一起玩，
互相認識。

我有時候會去那些有
大房子的人家
工作，那裡大到
暖氣都熱不起來！

光是想著天然氣的
費用，兄弟啊，
你就會嚇到尿褲子。

我有一位客戶，
她在家放了絲絨地毯，
上面黏滿了灰塵，簡直
就跟鬼針草一樣拔也
拔不下來……

害得她每個禮拜
都要清地毯，
真可憐！

我們家就很好。
就連假期，我們都
待在家，這裡總是有可以
修修補補的地方，
不會無聊。

我在電視上看到
有人會去有雪的山上。

啊，我也想去，
應該會很漂亮。

咕，如果你們覺得在山上
冷得發抖很有趣的話，
就去呀哈哈哈！

71

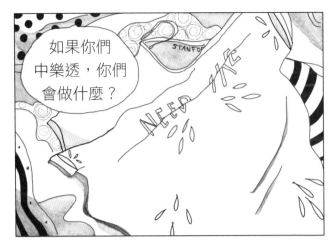

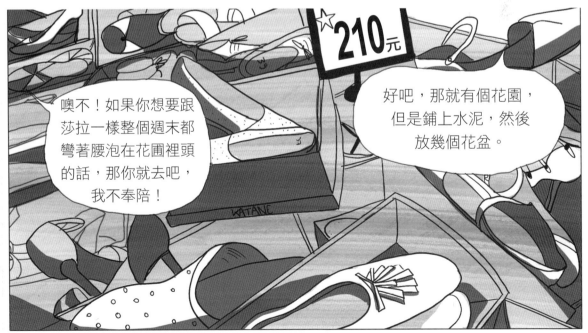

你們不請人來幫你們來弄這些嗎？

我也不知道，像是打掃花圃的阿姨？

蛤？

喔……我們自己可以做，還請他們幹嘛？

克萊兒，不可以穿那件，人家還以為你是要去做什麼的！！！

……可是，媽！！！！

我應該會買很多名牌的衣服，裁剪得很合身之類的。

好喔，記得別帶媽媽跟你一起去買衣服喔！

謝謝喔，我才不要，我才不想去那些店舖。

一踏進去，店員就會馬上跑過來服務你。

我更喜歡市場……在那些店裡，花一堆錢，結果兩個禮拜後，就會發現自己買到的東西跟你阿姨的假髮一樣起毛球了！

……買二手衣的話，至少你知道他們舊了會怎麼樣。

好吧，所以你會拿那些錢來做什麼？

嗯，我會分給親戚！

不了吧，大家都會跟我們要錢，如果我們拒絕，大家就會說：「奧洛雷用鼻孔看人囉……！」

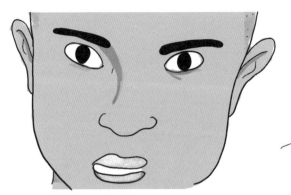

好吧，所以你們就是什麼都不會做囉。

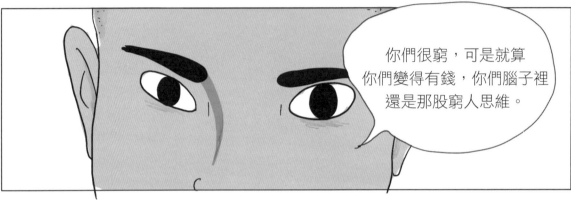

你們很窮，可是就算你們變得有錢，你們腦子裡還是那股窮人思維。

啪！

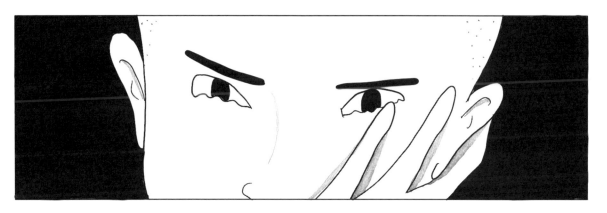

我們明天一樣
這裡見嗎？

明天我不行，明天
是諸聖節，我要和
家人去吳哥城。

那這週末呢？

⋯⋯你說什麼呀！
我兩個禮拜後才會回來，
我去柬埔寨不會
只去兩天吧？

啊，靠，對喔，
我承認，我不知道
那在柬埔寨。

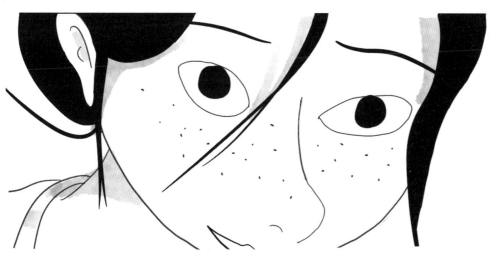

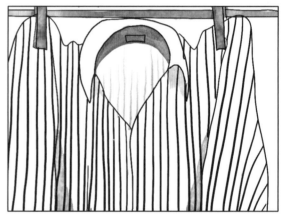

那有什麼關係？
你把衣服全燙過了，
連內褲都燙！

刷！

我需要訪問一對有兩個小孩的
資產階級夫妻，但收入要跟
家庭主婦和工人一樣。

一個月
89000元
左右。

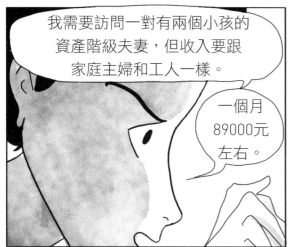

你認真？？

巴黎有人一家
四口靠89000元
就能活？

我必須要讓我的學生們
了解到，一樣的錢，只要
大家沒有相同的慣習，
消費方式也不會一樣。

逼逼！

啊，是洗碗機，
我們去把碗盤
拿出來？

痾……
好。

85

逼
逼

等等!!

我認識!!

有一對夫妻，
一家四口，
收入不到
89000元 !!!!

茱莉·馬薩琳和
薩維爾·勒格朗 !!!

茱莉剛成為講座教授[4]，
薩維爾是作家，
他們住在布瓦涅維爾，
那是楓丹白露附近一個
鳥不生蛋的地方。

他是我高中朋友，
他的小說賣得
不好。

他還有一個我一直不懂的
地方，就是他總是穿的
跟乞丐一樣。

[4]譯註：法國高等教育中的講座教授（maître.sse de conférences）是終身教職研究員，必須擁有博士學
位，工作涉及教學和研究。

86

而且那不是有沒有錢的問題，因為他在高中的時候就這樣了，但是他爸媽很有錢。

他總是穿著超醜的鞋子。

就像什麼矯正鞋。

可是他的腳又沒有問題！！！！

你會想跟他說：「世界上那麼多雙鞋，你就偏要選這雙穿？？！？」

為什麼？？到底為什麼？！！

每次他跟我講話，就算是很有趣的事，我還是會想跟他說：「好，我不管你說什麼，你過來我幫你。」

「就算只花700元，我還是可以幫你找到一雙長得不像蠶寶寶的鞋子啊。」

好笑的是，他找到的那個老婆，茉莉，她是迪卡儂女。

什麼意思？

喔，她都穿得很迪卡儂，我也不知道怎麼說，她都穿裝備衣，好像隨時準備要去爬山一樣！

我跟你發誓，如果她跟我說她就住在迪卡儂裡面，我也不會驚訝！

他們跟你一樣，從不考慮名牌。

「跟我一樣」，什麼意思？

你覺得我不會穿衣服嗎？

不是，不是，我會這樣說，是因為你是知識分子！

你不在乎材質或布料，你想想，我的意思是，如果你想要一件條紋襯衫，你就會去買一件條紋襯衫，其他的都不管……

我跟你保證，有些人啦，做父母之前也要先去上過課吧。

那些人啊……通常是真的……

塔莉雅！
你的鞋子！！

為什麼
沒有收在
鞋櫃裡面
！！！

什麼！！

《區判》
布赫迪厄

鞋子要放在鞋櫃裡面。
不要讓我每天晚上都
提醒你一次！！！

聽著，不要
讓我每天要
提醒她！！

什麼！！

〈常識〉
布赫迪厄

衰落中的
小資產階級

年齡較大的手工藝者和小商販，
教育資本較少，最多擁有初等教
育證書（CEP）或職業資格證書
（CAP）……，

「……教育資本較少的……手工藝者和小商販，在他們所有的偏好中都表現出倒退的傾向，這些傾向很可能是他們壓抑性情感的根源，特別是在他們對所有與打破舊秩序的跡象所做出的反應上尤其明顯，首先當然是對年輕人的行為。」

「他們反對所有現代主義或舒適的傾向，認為這些傾向是一種放縱的放棄，他們在日常生活上做出的選擇可以說是倒退的，因為這些選擇與工人的選擇非常相似，儘管並不是出於同樣的必要性。」

我們是這樣嗎？

「衰落中的小資產階級深信自己的地位正受到時代變遷的威脅，認為自己應該過著『簡單』、『嚴肅』且『誠實』的生活，因此會在各個領域中都遵循最樸素也最傳統的偏好（選擇精緻且經典的室內裝潢、謹慎穩重的朋友、傳統法式餐點、最具代表性的畫家……和……支持最早被奉為經典的歌手。）」

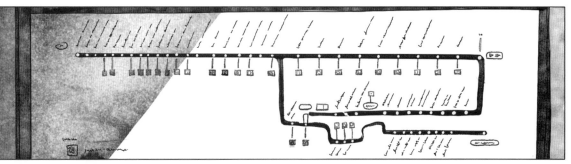

我絕對會給你
好好看看好幾種
襯衫材質的……

簡直是刻板印象中的自大資產階級……

薩維爾‧勒格朗，
作家，父親是教授，
母親是畫家

茱莉‧馬薩琳，
歷史系講座教授，
父親是教授，
母親是高中老師

經濟資本：★

文化資本：★★★

我們很喜歡住在巴黎，可是生了第二個孩子之後，很難再住在只有13.6坪的地方了。

說實話，被趕出自己的城市，這讓我心裡有點不舒服！！

尤其茱莉唸了九年的書，每個月只賺89000元，實在是有點……

不然我們也可以做一些薪水高的工作，也是一種選擇。

我們倆在工作上都可以自由地選擇，我們可以自由安排自己的時間……

我的話，每週所有的課都集中在兩天，這很奢侈。剩下的時間我可以自己安排。

人們沒錢的時候，個人主義就幾乎不可能成立，大家會更加互相依靠。

例如，如果我們有錢雇一位保母，就不會和鄰居們互相照顧了。

這種情況下，孩子們互相去對方家裡睡覺，就會變得像是親戚，這樣超讚的！

現在因為是上下班時間，有很多鐵路經過，但白天沒那麼多！

匡噹匡噹匡噹

還有，我們就住在對面，要搭車很方便，很讚，而且把窗戶關起來一陣子後，就聽不到噪音了。

克克老師説什麼需求的品味，真的開始讓我覺得煩了！

嗯。

如果我想花錢花得跟凱子一樣，想喜歡歌劇，我就可以啊？

但你要怎麼喜歡上歌劇……??

你連歌劇院在哪裡都不知道!!

……你上次搭火車要去巴黎，結果直接坐到魯瓦西！！

你還真有可能跑到某間頂呱呱的慶生會裡，然後以為就在那裡！！

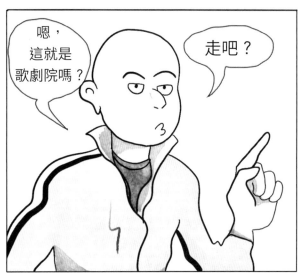

嗯，這就是歌劇院嗎？

走吧？

痾，跟我想像中的不太一樣。

哇哈哈！

哈哈！哈

哈哈哈哈！

如果可以讓你開心點，我猜我爸媽是「衰落中的小資產階級」。

所以勒，那是什麼？

我也不是全都懂，但是大概就是，他們比無產階級者更富裕一點，但也沒有富裕多少，而且他們努力不讓自己被認為是無產階級。

所以囉，他們夾著屁股也要往上層爬。

他們縮衣節食，過得很辛苦。

噢，還有，因為他們那麼努力，所以很怕這個體系會崩潰，因而很討厭變化。

他們討厭性別議題、饒舌音樂、瑜珈，還有虛擬實境遊戲。

性別議題和瑜伽是真的垃圾。

那你自己怎麼覺得，我是說，你也覺得他們真的是那樣嗎？

我們會一起看電視，有時候，星期六會一起唱卡拉OK……

嗯……有點吧，不過，同時……我們在家也相處得很好啊！

我爸唱歌唱得跟鬼叫一樣，哈哈哈！

我媽呢，她喜歡漂亮的東西，她每次都會從二手市場帶回一堆藝術品……

……也不算藝術品啦，就是一些漂亮的生活用品。

所以，我們家跟博物館一樣。

我媽還會畫超漂亮的水彩畫，她什麼都可以畫得唯妙唯肖！！

去歌劇院？

你以為你是路易十四嗎？

等等啦，如果皮耶爾想要培養文化素養，對他的功課也很好啊。

市政府那裡有說，那些東西齁，高中生可以買很便宜的票。

你可以自己用手機查，看你是不是可以有這些優惠。

啊如果你真的要去，不要跟別人說。

我不想讓鄰居知道我兒子去看那些穿褲襪的男生唱歌……

其實都是我媽鼓勵我爸去看那些東西的,因為他不太感興趣。

有時候,我跟我爸都會陪我媽去,那真的超無聊的⋯⋯!

但是她這樣強迫我們,有時候可能也是好事,不然我跟我爸就什麼都不會做。

他們是要去夏特雷劇院看大衛·帕彭施萊因的〈火〉,對吧?

對,應該就是這個!

不過我要先提醒你,他們那個社團去看的東西都很無聊喔!我是絕對不會陪他們去的!

2800元，不過高中生
只要140元。

前排一樓座位…2800元
二樓座位 ………2000元
三樓座位 ………2000元
學生票價 ………1200元

「當代劇場的前衛性」。

讚。

歐瑪，你跟
我們去嗎？

想得美齁，小艾都說
很無聊了，而且我女友
一天到晚拉我在巴黎晃來晃去，
我受夠了，不想動了。

她為什麼讓你
到處閒晃？

我也不知道，
她就什麼
都想做。

我們昨天在夏特雷劇院看了一齣超可怕的劇。

〈火〉。

帷幕拉開，場上有一台洗衣機和一個在睡覺的演員。

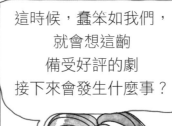

這時候，蠢笨如我們，就會想這齣備受好評的劇接下來會發生什麼事？

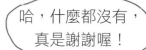

哈，什麼都沒有，真是謝謝喔！

就是字面上的意思，什麼都沒有，那傢伙在台上睡了二十分鐘！！！！

過了十分鐘的時候，蓋伊就快崩潰了，二十分鐘後，我們都跟死人差不多了……就在這時候，那個演員起身，把他的長袍放進台上的洗衣機裡……

懸念啊,我們死死盯著他的動作,他不管做什麼我們都會鼓掌的,只要他能動一下就好。

……他走下台,接著,有另外一個人到他原本的位置睡覺。

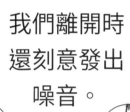

我們離開時還刻意發出噪音。

第十感劇團!如果你們遇到他們,盡可能當瘟疫一樣逃得愈遠愈好。

誰??

啊,是第十感劇團呀?薩維爾一直和我提到他們!

薩維爾,我高中朋友,你知道的,寫科幻小說的那個。

他說這劇團很讚,他覺得與其談論無聊或是重複性,不如讓觀眾自己去體驗……

噢,聽我說,如果你想要無聊一下,並不需要花2800元,打給你貝阿姨就好,拜託,這樣你至少是在做好事!

噢不！他回去
睡了！他回去
睡了啦！哈哈哈
哈哈！

啊，快笑
死我了！
快笑死我
了！！！

呵呵呵！

你覺得他們是
小艾的朋友嗎？

不知道，不過
對青少年來説，
這齣戲是真的
不太好懂！

看之前最好都要先讀簡介，才能了解劇情背景。

這也不會干擾我有自己的感受。例如這次，我就覺得很棒。

好吧……你有很強的文學敏感度。

對我這種理科人來説，這有點超出我的理解範圍了。

伯恩哈特

莎拉·伯恩哈特劇院

説實在的，我比較喜歡去聽一場好的演講！

這能比嗎！

不過，我也很高興能接觸文學，讓我走出舒適圈！

我們已經幾乎不吃肉了，但我們也不是素食主義者！

啊，這樣很好呀！

我超餓的！

你要鮪魚三明治嗎？

好啊！

沙拉・伯恩哈特劇院

我覺得這齣劇很讚。

能看到這齣戲真好！

自從兩年前看了〈亡者的氣球〉之後，我就沒看過好劇了，只看了一些精心安排的小劇，裡頭導演要傳遞的想法都很清楚……

但這齣戲的導演呢，你可以感覺得到他在尋找困惑、暈眩感、幻覺！

……我覺得比較像是嗑了藥。

塔莉雅和皮耶爾，你們看了這齣劇之後有什麼感覺嗎？

說實話，太低能了！

我有一種被人耍了的感覺。

比如說，我們看詹姆士·龐德的電影的時候，馬上就會進入劇情。

或是看〈鐵達尼號〉，船沉的時候……

……會非常傷心，無法抑制地哭……

我們會和角色一起經歷各種事情，會被帶入劇情裡，一起感受！

但這部劇好像根本不想跟我們對話！

我有一天在巴黎會議宮看到了一場超扯的表演！！！

有35名舞者的那種……！

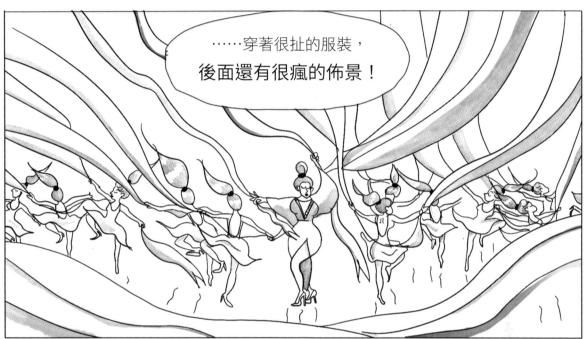

……穿著很扯的服裝，

後面還有很瘋的佈景！

全部都美到爆……

……那裡還有一百多位音樂家。我跟我媽都快瘋了！

所以説，有錢人都喜歡
像是〈火〉那種東西囉？

並不是。

根據布赫迪厄的説法，現代藝術不屬於你們，
但也不屬於資產階級。

媽，
你在幹嘛？

我在寫信給
《費加洛報》5。

聽著，這已經是第二次了，
我相信他們推薦的作品，
而他們卻害我去看那些
裝模作樣，實際上
無聊透頂的表演。

5譯註：《費加洛報》（Figaro）是法國的日報，立場屬於中間偏右。

他們的藝評人都是蠢貨。
他們感興趣的就只有那些圍繞在
戲劇周圍的術語。

「你們的——
藝評人——
都是——蠢貨」，
句號。

我已經警告他們了，再這樣
下去，我就取消訂閱。

就這樣。

既然如此
......

我也要寫給
愛德華七世劇院。

我反對他們在
《浮士德》裡面塑造
魔鬼的方式。

噢，聽著，他們
竟然讓一個又老又胖
的演員演梅菲斯。

不！

魔鬼精明又狡詐，
他應該是年輕削瘦，
擅長鑽來鑽去的樣子！

喔，那導演
叫什麼名字？

伯納德·
穆哈。

是嗎？你知道賽西爾
以前跟他兒子一起
上馬術課嗎？

……世界真小，
是吧！

嗯，不過，
不管有沒有馬術課，
胖惡魔就是不行。

聽著，我要直接去
郵局，因為，你看看，
我有非常重要的信
要寄。

大部分的資產階級者偏好通俗喜劇（théâtre de boulevard）
和古典戲劇，因為他們從小就接觸這些戲劇
（例如拉辛、高乃依……等等）

布赫迪厄認為，現代藝術體現了藝術家和知識分子的自主性，而這兩群人雖然是支配階級，但也同時被支配。

他們試圖「更徹底地打破其他社會階層自我套上的道德譴責」。

你們要知道的是，支配階級並不是清一色相同的，他們爭相將自己的價值觀制度強加於人。

大資產階級的慣習是想要重制利於自己的制度，而這同時正是藝術家和知識分子想要改變的制度。

資產階級者的特徵是他們追求平衡，他們會避免任何可能破壞現有制度的過度行為……

……然而藝術家和知識分子則是在尋找突破點和轉折點。

這就是為什麼,藝術家和知識分子在政治上可能會與普通階級結盟,對抗資產階級。

皮耶爾,請說?

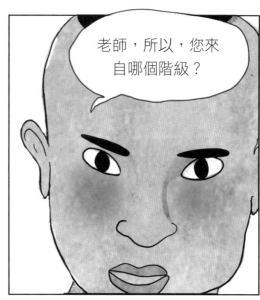

老師,所以,您來自哪個階級?

你們覺得呢?

嗯,當然是資產階級。

沒錯，有錢人，富二代！不……肯定是小康，老師的兒子，還是教授的兒子？

銀行董事長的兒子？

醫生或律師的兒子，要穿正式服裝的那種環境？

狗兒子！

呵呵呵

我父母是農民。

我就是所謂的階級叛逃者（transfuge de classe）。

是啊！

他可以認出超多種植物和他們的來源……

兩公里外有隻鳥吱吱叫，他馬上就可以跟你說是什麼鳥，根本就是一本活的自然百科全書……

可是也因為這樣，他把兩台拖拉機弄進了水溝，把幾頭豬弄不見，打破了好幾瓶擠奶壺……根本就是行走的災難，如果有人給他一把剪刀，我就會馬上逃跑！

哈哈哈！

不能……

哈哈。

不能在冬天把他放到田裡，不然他就會坐在水坑裡，然後整個冬天都在感冒！

你知道他小時候的興趣是什麼嗎？下圍棋！

那是什麼，一種武術嗎？

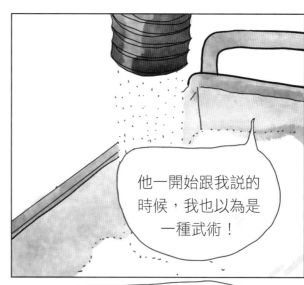

他一開始跟我説的時候，我也以為是一種武術！

看那傢伙弱不經風的樣子，我還真驚訝！

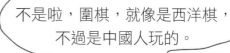

不是啦，圍棋，就像是西洋棋，不過是中國人玩的。

然後他就變得很厲害，參加全國比賽之類的，全都是市政府在弄的！

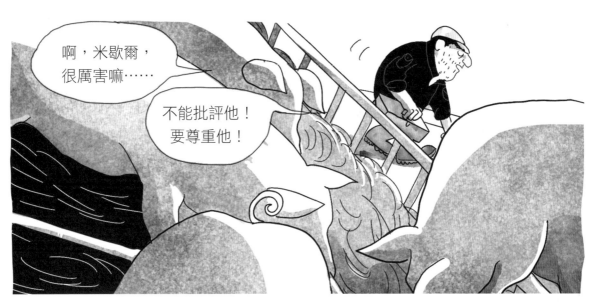

啊,米歇爾,
很厲害嘛……

不能批評他!
要尊重他!

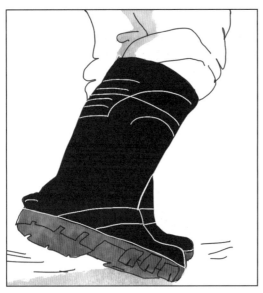

有時候,只是為了打開柵欄……
他那雙鳥仔腳都已經穿著靴子了……

……他還是可以夾到手指,或是
把鞋子卡住。你光看他走路就
知道會出事了!

……我還沒
失算過勒!

啊,我承認,我跟米萊
都覺得很好笑。
沒辦法嘛!

我14歲的時候，
我爸把我送到雷恩。

在那裡，我發現了
一個和我原本的世界
完全不一樣的世界。

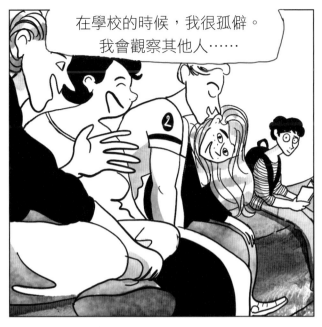

在學校的時候，我很孤僻。
我會觀察其他人……

……觀察他們
怎麼穿衣服，

……觀察他們說話、笑、社交、男女之間
的互動方式，

一切都很新奇，
連最小的細節都不放過。

有一天，那個偶爾會跟我在學餐一起吃午餐的
昆丁，提議讓我去他家打電動。

那是我第一次
去別人家。

好啊！

客廳的主角並不是電視。就好像那裡是拿來談話用的地方。有一個放著書的書櫃和
一個閱讀空間，那裡放著小燈、毛毯還有大靠枕……

有一個鍋子，可是很乾淨。連木柴都被收好，地上完全沒有樹皮和灰塵，
甚至可以在地上吃飯的程度。

一切都講究過，每個細節都有
美觀考量，甚至在廚房，冰箱都經過
精挑細選。連地板上都有裝飾花紋！

他媽媽穿著很精緻的鞋子……

臉上帶著妝……

她很瘦，腰帶和珠寶還有鞋子
配得很好……

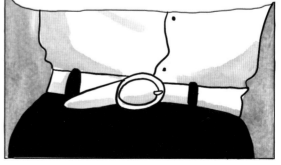

隨著我一點一點習慣小資產階級的規範，
我對家人的看法就漸漸改變了。

他們張著嘴巴吱吱喳喳吃飯的樣子、他們裝飾家裡的方式、
格子桌巾、餐墊……

……粗魯的大笑、大聲說話的方式、粗俗的鞋子……

克克説的那個太扯了，跟伊西絲家太像了！

怎麼説？

客廳裡沒有電視。

那你説説看，難得你遇到了了不起的人！

你去過她家嗎？

喔，那是一間……

超大的房子！！！

到處都很扯。例如，牆上掛著野豬。

野豬？

我發誓，這麼大的豬頭，超醜，超可怕。

到處都有書。多到看不到牆壁，就像在圖書館！

有一間房裡有幾架大鋼琴，可是少了琴鍵。

猜猜看他爸上禮拜買了什麼。

太扯了，你會以為我在胡扯。

什麼？

一間教堂。

滾，狗屁鬼話。

我發誓！我發誓那是真的！！

媽，你也知道
他就愛挑釁，
別理他。

沒錯，他已經挑釁我
五十七年了，謝謝喔，
我知道我哥哥什麼樣子，
可是，他還是買這間教堂了！

現在是怎樣??

這是怎樣的世界啊?!

你室友在嗎?

痾,應該不在……

你知道嗎,我跟計程車司機聊了天,他兒子學了騎馬,還進了政治學院勒。

我還真想知道你那位社會學家會說什麼,他是不是會說這孩子完全沒有他的社會階級的品味和野心!!!

那是統計出來的,天啊,我要怎麼跟你解釋??!!

好吧,兒子,我走囉,貝阿姨要拿要修復的畫過來,你星期六會來巴蒂尼奧聖瑪麗嗎?

不會,我要和巴黎高等商業研究學院的老同學去滑雪……

之後我們要跟史蒂芬去加萊煮飯給難民吃。

好,假期愉快,兒子。

好好享受!

奧古。

怎麼了?

為了我的研究,
你覺得我可以
採訪你舅舅嗎?

買了一座
教堂的那位?

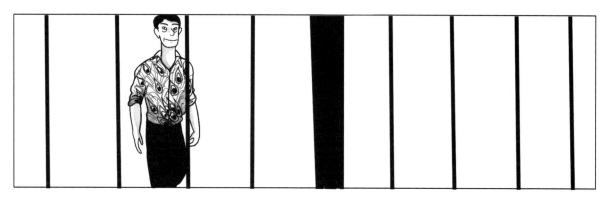

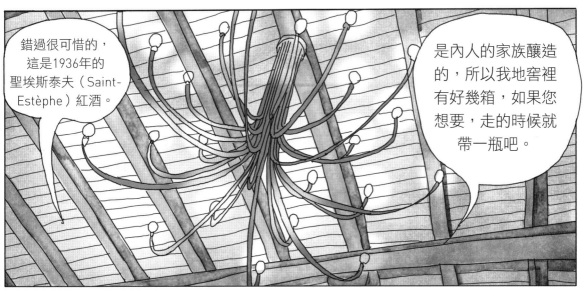

錯過很可惜的，這是1936年的聖埃斯泰夫（Saint-Estèphe）紅酒。

是內人的家族釀造的，所以我地窖裡有好幾箱，如果您想要，走的時候就帶一瓶吧。

……啊噢……

……謝謝……

嗯！

我的品味……！

我有什麼可以跟您説的呢……

啊，像是這裡……

……我有兩架平台式鋼琴，原本是賭場要丟掉的……

……所以我就把它們撿回來了。

我把它們帶回來的時候，大家都跟我說：「帝博，你瘋了嗎！」

「少了好幾個琴鍵!!」

「如果你想要鋼琴，就買幾架你可以好好彈的啊!!」

可是我呢，我在意是他們的故事，反正我也不會彈鋼琴，所以有沒有琴鍵無關緊要。

啊，還有這個！
有趣的小故事。

我在勃根地的二手市集
遇到了一個做動物標本的人。

我向他買了
兩隻野豬。

我帶著它們回來的
時候，我周圍的人
都嚇死囉。

「帝博你瘋了
吧，這
太扯了!!」

哈
哈
哈！

為了讓他們喊破喉嚨，我還
可以買頭老虎，或是更厲害的
……一隻伶鼬!!!!

對我來說，藝術品，是能讓人長久地夢想，且每次看見都能有著同樣愉悦感的東西。

我評判美的準則⋯⋯

嗯⋯⋯

⋯⋯是根據我想不想要將它擺在家裡。

喜愛，就是擁有。

啊！

和您介紹我的女兒，伊西絲，她喜歡街頭藝術！！！

您好！

我都和我的孩子説要隨心所願，因為若你隨心所願，便無人能阻擋你。

154

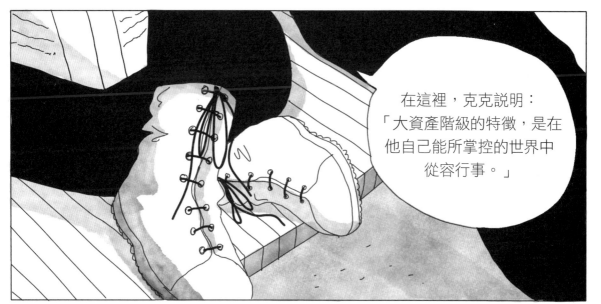

在這裡，克克說明：
「大資產階級的特徵，是在他自己能所掌控的世界中從容行事。」

「他能更加輕易地違反規則，因為正是他的社會階級決定了什麼是正當的。」

伊西絲
加油!!!

直接下去!
不要思考,
猶豫就完了!

我在那裡驚呆地看到了成群成群的家庭……

他們在兩排車之間的野餐區吃著三明治,那裡醜死人了。

花一樣的錢,他們原本可以在美景前面享受的……!

他們那是什麼精神狀態??

齁!他們可能不知道那裡有美景啊!

如果不是本地人的話就不會知道啊!

這正是問題所在!!

這種一直不上進的態度……

如果不是唾手可得的東西,他們就不會去尋找。

在白色的紙上沒辦法用白色的筆寫字！

這太他媽的困奶～

「經濟權力首先是一種不受經濟需求影響的權力。」

「……投資意識度確保了不需要主動去追求的利潤，從而為那些有著正當文化作為第二天性的人提供了額外的利益……」

那我怎麼畫牙齒？

那你就用黃色畫，跟皮耶爾的牙齒顏色一樣，哈哈哈！！！

嗚嗚嗚嗚，他媽的困奶！！！！！

「被視為在文化上完全無私、完全純粹，不受任何功利性或物質化的利用。」

啊～～～

啊～

你不能～～～

啊～～～

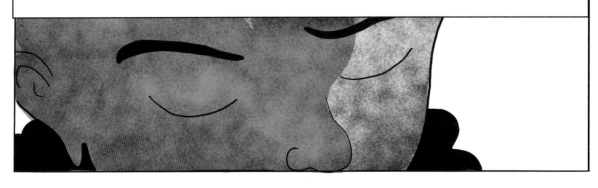

「藝術愛好者除了自己對藝術的熱愛以外，沒有其他的指引，
而當他憑著本能走向每時每刻都必須喜愛……」

「……就像那些
時時刻刻賺錢的商人
一般，他並不遵從
任何冰冷的算計……

……而是跟隨自己的心
和真誠的熱情，
在這些領域中，這才是
投資成功的條件。」

「投資意識使人總是熱愛且真誠地愛著應該愛的事物，這種意識
也許借助於對無數符號的無意識解讀……

這些符號在每個時刻告訴我們
該做什麼或不該做什麼，
該看什麼或不該看什麼，
且從未明確受到追求象徵性
利益的指引。」

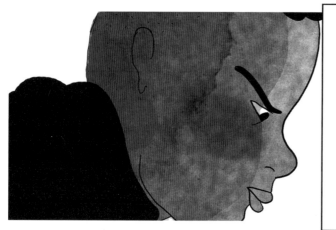

「隨著與物質需求的客觀
距離逐漸拉大，生活方式
漸漸成為了一種……
『生活風格化』的產物，這是
一種系統化的方法，引導和組織
各種實踐，從葡萄酒的
年份、乳酪的選擇，到裝飾鄉下
別墅的選擇。」

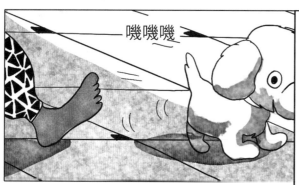

「肯定了一種權力大於被支配
的需求，它總是隱含著
一種正當的優越感，而對那些
無法以無償的奢華和炫耀的浪費
來表現對世俗瑣事蔑視的人而言，
他們依然被日常利益
和緊急需求所支配。」

我是
佩佩豬！

這是我的
弟弟喬治!!

叮！

「這種貴族式的主張比其他主張都更不容質疑，
因為『純粹』和『無私』的態度使其成為可能的條件之間
的關係，也就是說，這些物質條件非常稀有、因為
幾乎擺脫了經濟需求的限制……」

這是
豬爸爸!!!

「而這種最具階級區別的特權
因此有機會被視為最自然、
最正當的，甚至不會被察覺。」

哇哈
哈哈哈
!!!!!

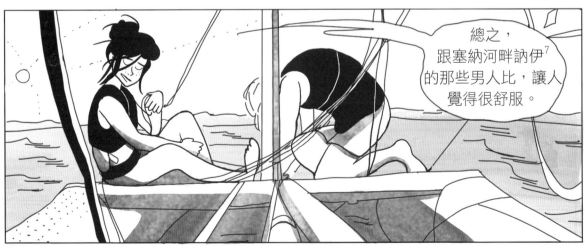

7譯註：塞納河畔訥伊有許多富人居住。

我喜歡歐瑪的一點是，他有很多東西都不知道，可是他如果喜歡一樣東西，就會超級專注。

例如，如果他喜歡一首歌，他就會把那個樂團唱的歌都聽五百遍，直到熟悉每個細小的變化。他真的很講究。

這可不是那些拿著紙筆淺談的膚淺文化，這……很有深度。

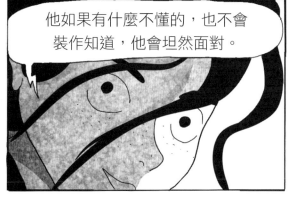

他如果有什麼不懂的，也不會裝作知道，他會坦然面對。

啊，酷。我很為你高興。

你呢，你怎麼樣？

嗯……

最近覺得我的室友有點煩。

怎麼了？

有一天，我開了他穿衣方式的玩笑。從那天起，他就完全改變穿著了。可是是照著我穿衣服的方式穿。

什麼意思？

嗯……他買和我同樣款式的衣服。

很奇怪吧？

你跟我說他剛來巴黎，所以……

對，不是啦，等等……

這也不阻止他保有一咪咪的個人特色啊！

喜歡什麼衣服，不是別人該告訴你的，這很奇怪吧？

好吧，你說的對。

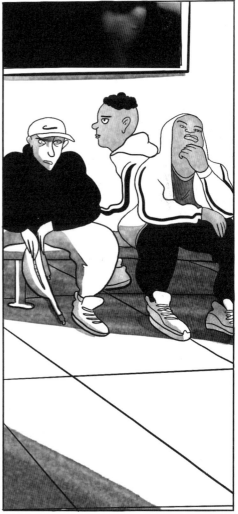

179

你還好嗎？

嗯。

我決定要大大提升我的文化涵養，我的文化腦需要補補。

你看，像是布赫迪厄，我知道他是社會學家，可是不知道他說過什麼。

他改變了整個社會科學。

《區判》大概來說，就是世上最重要的社會學著作了。

談社會階級中最重要的著作。

185

小艾，學校禁止用手機，尤其是在課堂上！！

我不是來這裡管秩序的，又不是在幼兒園。

我剛剛說到哪裡了……

噢對。

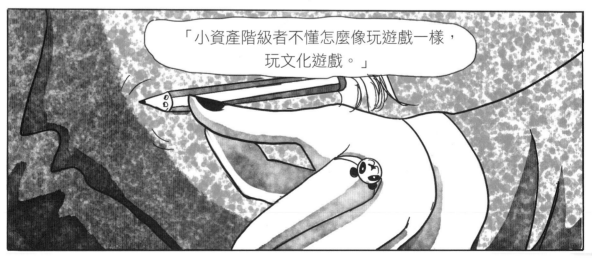

「小資產階級者不懂怎麼像玩遊戲一樣，玩文化遊戲。」

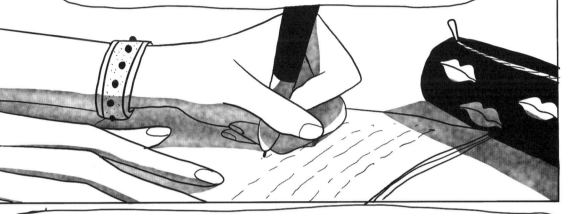

「他們把文化看得太嚴肅，以至於無法在這上面虛張聲勢
或是欺騙，或是無法有距離感和從容感，但正是因為這些，
才能表現出對文化的熟悉感。」

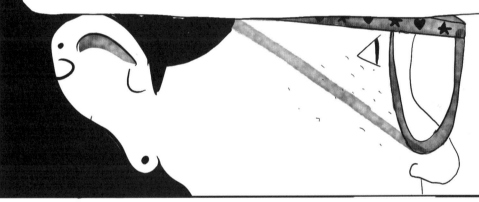

「看得太嚴肅，以至於無法逃避無知或失誤的長期焦慮，
也無法像局外之人那樣用不在意的態度避開試驗，或向那些有自信的人
一樣坦蕩，甚至驕傲地承認自己的不足。」

「將文化認同於知識，他們
認為有文化的人就是擁有
大量知識的人……

他們無法理解的是
……這歸結於個人
和文化的關係。」

「文化，就是當我們忘卻一切之後，所剩下的東西。」

「因為把文化當成生與死、對與錯的問題，他們無法猜想到，
那些充滿靈感的哲學、藝術或文學論文頁面中，隱藏著無責任的自信、
肆無忌憚的輕率，甚至可能是隱而不露的不誠實。」

「他們靠後天
努力，無法與
文化建立那種
熟悉的關係，無法
像那些天生與
文化連結的人

一樣自由和
大膽，這些人是
與生俱來就與
文化緊密相連的，
也就是出於本性
與本質。」

親愛的，你找到
什麼好玩的
東西了嗎？

沒什麼，只是
文藝復興時期的色情圖刊，
看起來很有趣。

他們只有那些帶有政治立場的書，
你知道的，像是馬勒侯[8]或卡繆，一天到晚
都在發表他們的觀點。

我從沒讀
超過十頁。

[8]譯註：喬治·安德烈·馬勒侯（Georges André Malraux，1901-1976），是法國第一任文化部長、作家。

我喜歡完整的作品，像是普魯斯特或珍·奧斯丁的作品。

渾然一體的作品。

光靠優美的文筆和細膩的觀點就能讓人滿足。

然而這些像在寫論文的作者，給人一種不足的感覺……

……讓人一旦闔上他們的書，就迫切地感覺需要做些什麼，像是加入一個社團，或是更糟的，簽下一張支票！

Little woman, looking like a baby

你女兒把音樂弄那麼大聲，都要把耳膜震破了。太誇張了，我在這裡都聽得到！

親愛的。

我這幾年沒有帶你去過巴黎
愛樂廳跟普萊耶音樂廳，
害你傻傻地接受那些由
電視台養大的評審的口味，這些音樂
只要在巴比諾[10]表演就好。

父親！

如果你有稍微關注一下藝術界，
你就會知道，如果你沒辦法把德布西
和阿雅·中村，或是將〈卡門〉和
〈冰與火之歌〉混在一起，
那你就根本什麼都不懂。

好吧，為了尊重住在這個家裡的
恐龍，請你把音量調低，
謝謝你的配合。

[10]譯註：巴比諾（Bobino）是一間位於巴黎的音樂廳，原先是小酒館和咖啡廳，兼音樂會場所。

「……這種無差別的敬意，混合著貪婪和焦慮，讓人把輕歌劇看成是『偉大的音樂』，把通俗化看成是科學，把仿製品看成是真品……

「並在這種錯誤的認同中找到既焦慮又過於自信的感覺……」

「……滿足的原則……」

好，痾，你自己安靜讀，我要跟爸爸討論要買的東西。

親愛的，我已經稍微看過了，

……我看上兩種磁磚……

要麼是25b，仿陶土，要麼是32c，仿玫瑰大理石。

啊，玫瑰大理石，不錯，跟杜布雷家的一樣！

那個做得超好，跟真的一樣。

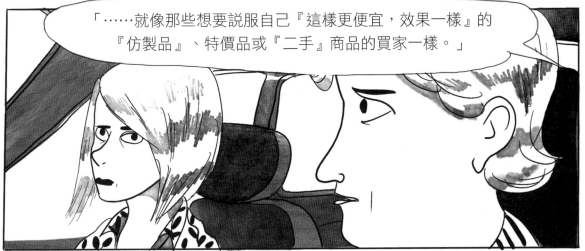

200

我們的花園都沒地方走路了。

好啦！

也不能買樹。

你聽。

小資產階級「有一種幾乎無法滿足、對技術或行為規範的『渴望』，這使他們傾向於將自己置於嚴格的紀律之下，並以原則和戒律來自我約束⋯⋯」

「小資產階級是將自己變得渺小，以成為資產階級的無產者。」

小艾她游得太好了。

對啊。

歐瑪，不用存著呼吸過冬啦，自由式是游三下換一次氣！！

歐瑪就像掉到洗手槽裡的蔬菜，哈哈哈！

小艾，你游得太好了！

謝謝！

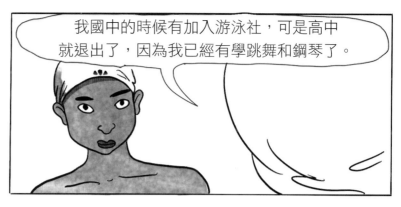

我國中的時候有加入游泳社，可是高中就退出了，因為我已經有學跳舞和鋼琴了。

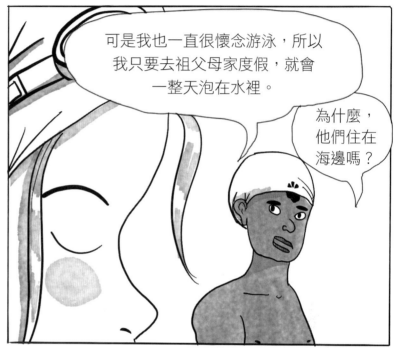

可是我也一直很懷念游泳，所以我只要去祖父母家度假，就會一整天泡在水裡。

為什麼，他們住在海邊嗎？

對呀，而且他們家有游泳池。

啊，原來，酷。

我從來沒去過海邊……

我上次去度假，是五年級的自然課，我們去騎小馬的時候，你記得嗎？歐瑪騎了一匹德蘭小馬！

啊對！！！阿福！！！！！

欸欸，歐瑪，你記得阿福嗎？

哇哈哈！

誰？

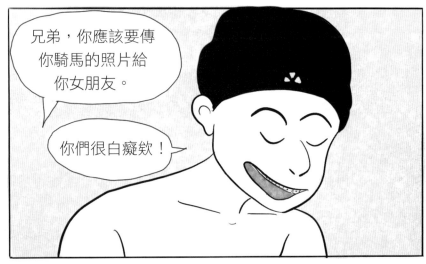

兄弟，你應該要傳你騎馬的照片給你女朋友。

你們很白癡欸！

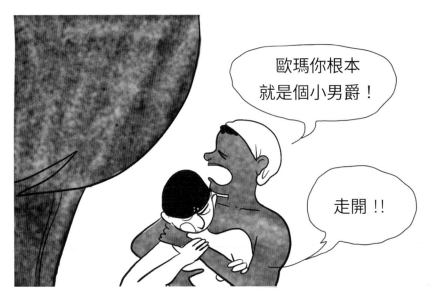

歐瑪你根本就是個小男爵！

走開！！

206

他跟雜貨店、肉販,或打掃阿姨
講話的時候,表現得自己非常開心,
只因為他們是雜貨店、肉販,
或打掃阿姨。

……他覺得自己是瘋了才會降格
跟他們講話,你懂嗎?就好像他做了什麼
犧牲似的!

是喔
……

怎麼了?

你都不知道他有
多自以為是。

然而事實上,我們大家
都是平等的。

像是我們，就算我們在兩個不同的世界生活，也不阻止我們在一起！

沒錯。

話說，我有件事要跟你說。

對我爸媽，你不能說「您好，德先生，您好，德女士」，沒人這麼說的。

是嗎，那不然我要跟他們說什麼？

先生，女士，但不要加上姓氏。

好。

所以，他們覺得
我像個白癡囉？

沒有啦，這沒有
關係，只是個小細節。
我只是想到，就跟
你提一下。

還有其他
的嗎？

嗯……

你吃東西的時候，
如果能把嘴巴閉起來
的話就好了。

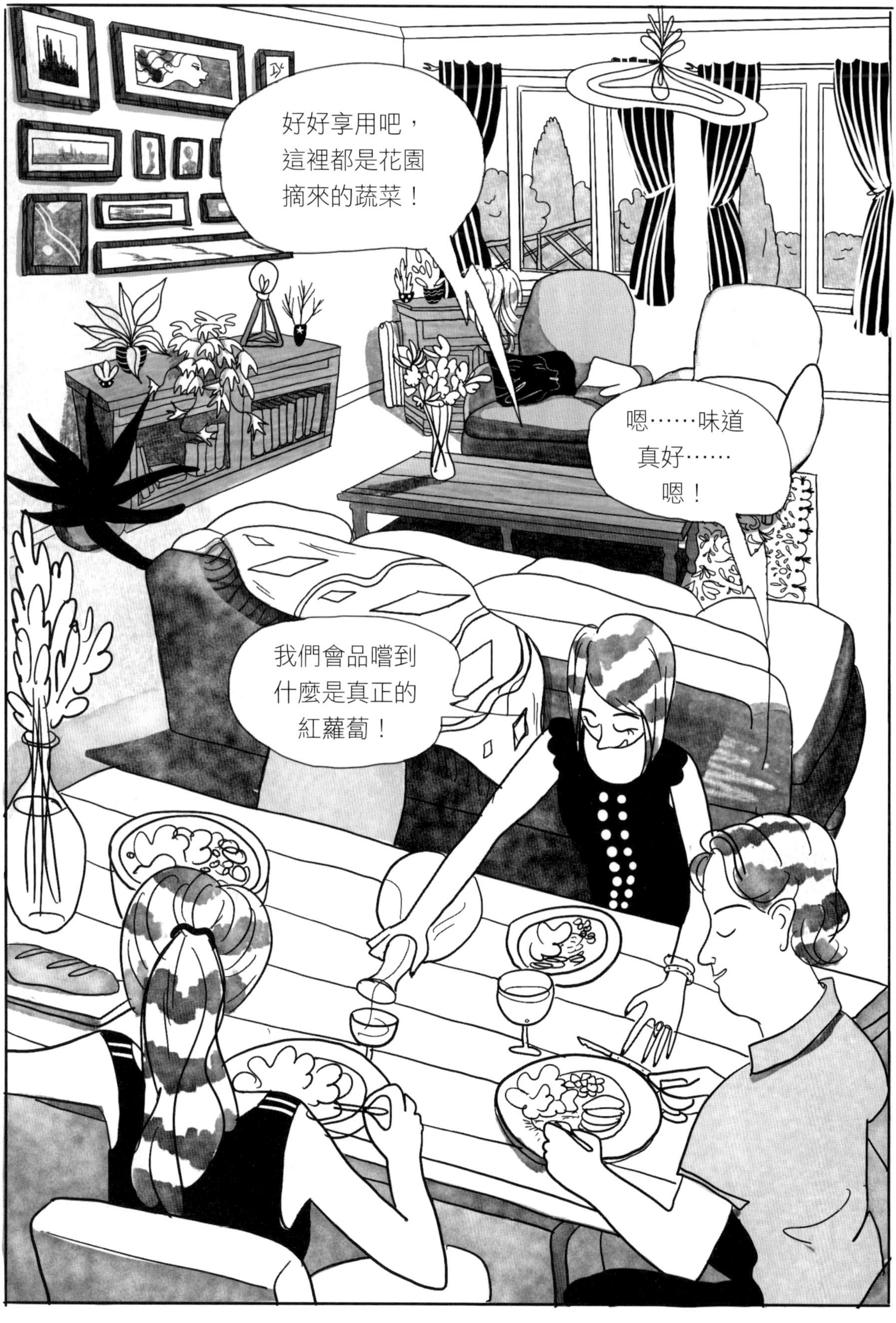
好好享用吧，這裡都是花園摘來的蔬菜！
嗯……味道真好……嗯！
我們會品嚐到什麼是真正的紅蘿蔔！

這個夏天我想做個小挑戰，我想要不採買任何蔬菜。自給自足！

為了省錢嗎？

噢⋯⋯不，說真的，我不覺得我們會省什麼錢，因為我們在園藝工具上已經花太多了⋯⋯

⋯⋯而且我們也沒辦法保存那麼多蔬菜，所以不用這樣⋯⋯

等等啦，吃自己親手種出來的東西很棒的！

是沒錯⋯⋯

而且跟大家一起分享也很棒呀，你看，這樣也敦親睦鄰……

我們去年總是帶一堆番茄回來！……

德布雷他們每次都帶葡萄酒來，他們真好！

啊，對呀。

每次都讓人很開心!!

園藝，是一種心態，一種文化。

人們重新互相連結。

嗯！
這是古老的智慧，
同時也超級現代！

嗯！

媽，如果是
你們在做的事，
那就不能説是
「現代」了。

你説什麼!!

……我受夠
你那自以為是
的態度了!!!

那又不是
我説的。

「小資產階級與文化的關係，以及將其
所接觸的一切轉化為中等文化的能力……，
來自於他們在社會空間的位置，
……決定了他們與正當文化的關係……」

「以及他們同時懷著
渴望、焦慮、天真和
嚴肅的依附方式。」

「簡單來說，正當的文化本來就不是為他存在的，如果文化並不是針對他而存在……」

「一旦他把文化變成自己的東西，文化就不是原來的文化了。」

因為你們剛剛才為了擴建房子從銀行貸款，所以我繼續念給你們聽。

「如果（小資產階級中）擁有最多資本的群體……更偏好……儲蓄，而擁有最多文化資本的群體……主要借助於學校，那麼他倆的共同點就是，他們在經濟和教育策略中，都投入了清苦的態度，使他們成為銀行和學校的理想客戶。」

「良好的文化意願、勤勉精神、工作上認真努力的態度，這些都是小資產階級向這些機構提供的保證，同時也讓他們完完全全服從於這些機構……」

「和小資產階級美德有關的渺小，對立面就是……自負。」

「（小資產階級）確信，他們所擁有的地位完全是歸功於自己，因此深信只能依靠自己，才能得到救贖，人人為己，事不關己。」

小艾，不要唸了，我跟你說過你會惹你媽生氣……！

「因此，把大家庭替代為小家庭或獨生子女……」

「……就是屏棄了一般的家庭關係觀念……」

「……小資產階級縮限於一個緊密……」

「……但狹隘且有些壓迫的家庭……」

「……小這個形容詞可以與小資產階級的言語、思想、行為、擁有的事物或身分緊密相連，這並非偶然。」

那句話根本是句鬼話，對吧？！

「小這個形容詞可以與小資產階級的言語、思想、行為、擁有的事物或身分緊密相連，這並非偶然。」這句。

「……小資產階……」

碰

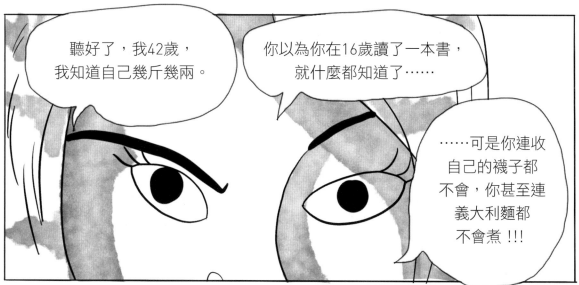

聽好了，我42歲，我知道自己幾斤幾兩。

你以為你在16歲讀了一本書，就什麼都知道了……

……可是你連收自己的襪子都不會，你甚至連義大利麵都不會煮！！！

相信我，如果我要讓你難堪，有很多種方法……

可是家人之間不是這樣相處的。

我受夠你那些下三濫的冷嘲熱諷了，你看著辦。

復活節的時候，你就待在你阿公阿嬤家，我跟你爸則相親相愛出去玩。我們要展開新的體驗，開闊視野。

親愛的，冷靜一點，不要說氣話……

我受夠她的那個青少年叛逆期了！！

懂嗎？

我快被她煩死了！！！

真是夠了 !!!

要趕快吃完！

我不確定我要不要吃，因為公司的醫生量了我的體重，說我要減重10公斤。

我跟你說啦……

我們全部都有可能在退休前就躺進棺材裡啦，所以我打算好好享受當下。

你說得太誇張了啦……

你們女人齁，我是不知道啦，可是對我們男人來說呢，那些都只是數字！

如果做得到，那很好，可是也不要抱太大的期望，因為我們大多數人最後都是會進棺材的！

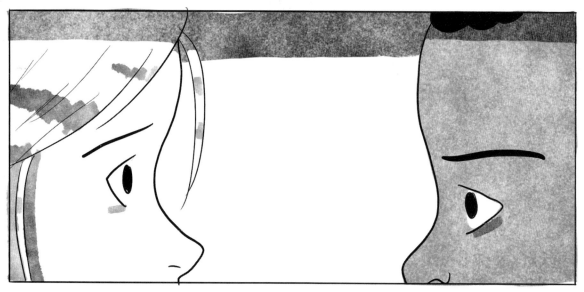

你想一種動物，
然後我來猜。

想好了，
豬！

要從容地回應小艾的攻擊，我們就必須先行一步。

這就是我們要做的。

我們一起讀，然後晚上我們互相解釋自己理解的部分。這樣才能鞏固知識。

我們的目標是在六月前振作精神！

好。

波河位於哪個歐洲國家？

這不是橘卡問題吧？!!

我們不是說只有橘卡問題嗎!!??!

哇哈哈！你那什麼臉!!!

在〈益智問答〉遊戲裡面，所有的文化都一樣重要，可是在我們的社會中則不然。

一個被所有人內化卻未被明確指出的分類系統，將所有的行為從最正當到最不正當，進行等級劃分。

嗯……老師您說錯了。例如，像是我們，在學校裡面，懂音樂和足球，比懂法國歷史更酷！

媽！！

今天老師跟我們說了普羅米修斯的故事，好恐怖喔！！

他是從神那裡偷了聖火的英雄，為了懲罰他，宙斯把他拴在一個石頭上。

在高加索山上！

有一隻老鷹每天都來吞掉他的肝臟，然後肝臟又在晚上重新長出來！！！

去藍色房看看，那裡有一區是關於希臘神祇的。

如果你喜歡神話故事，走廊的書架那裡也有埃及跟北歐神話……

北歐神話真的很恐怖唷，裡面有雷神索爾還有他的超大錘子！

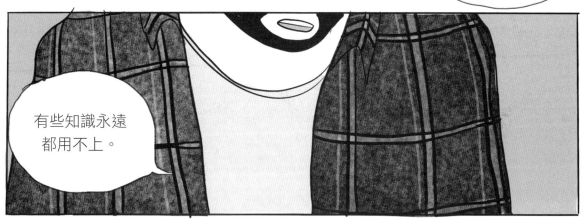

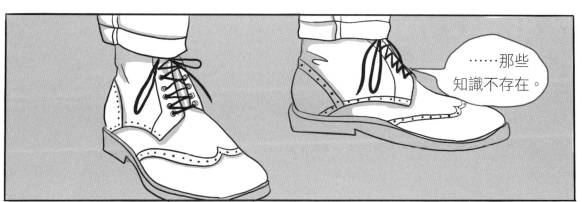

你……

你太暴力了
吧……?!

喔……聽到
他跟你說的那些,
你還期待我什麼都不做?

……他是說了一堆
狗屁話,可是你呢……
你就這樣直接打
下去了……?

跟心理變態
一樣!!

可是……
我要保護你
啊……?

242

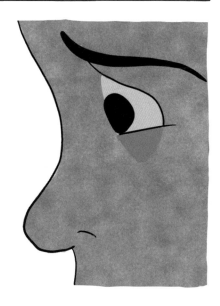

明天……

她將在那……

叩
叩
叩

卡洛琳，你們
太超過了！

小塔你在
讀什麼，
生物學嗎？

對！

我好喜歡。

這陣子我想了很多，
我想要學醫。

你看太多
《急診室的春天》
了！

才不是，
我是認真的！

當醫生，早上喚醒你的
就是理想，這很重要。

我們之間，是偶然開始的故事……

我們之間……

如果你想要學醫，我看你比較適合去當護理師。

我跟你都很會照顧人，我們很會做事，也喜歡照顧人。

你跟你爸生病的時候，都是我在照顧的。

而且，學醫一學就要十年，你知道嗎？

十年，是不留級的前提之下！

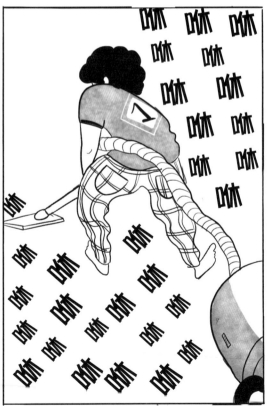

我遇到了一件……很扯的事!!!!

我在梅傑夫的時候，在滑雪道遇到了十年沒見的皮耶爾‧亞歷克斯，他是我在巴蒂尼奧聖瑪麗的童子軍隊長。

我們一起去了餐廳吃午餐，我跟他聊了很多，像是我畢業了，但我不想去巴黎萊雅，也不想去高盛，我想要去藝術界。

然後，你知道他跟我說什麼嗎？

至少先把你的鞋子脫掉吧……

欸，你瘋了嗎？

他是巴黎高等商業研究學院畢業的，所以他有工作很正常！

你說什麼，巴黎高等商業研究學院？？？

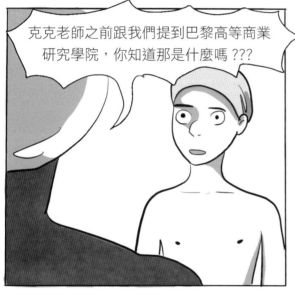

克克老師之前跟我們提到巴黎高等商業研究學院，你知道那是什麼嗎？？？

我查過了，讀那個要20萬！

可是伊西絲跟我說，有些學校只要考得進去，就是免費的，而且還有錢拿……

像是綜合理工學院跟師範大學。

你查查看就知道了！

欸，你真的變成了一個馬子狗，説真的，你讓我覺得很噁心。

你女人跟你説吃東西的時候要閉嘴，在餐桌上要坐好，然後你就跟個小丑一樣，照她説的做，好像她是金·卡戴珊一樣！！

我以後再也不跟你説我的事了！

不要以為你自己被小艾甩了，別人就也要跟你一樣受氣。

那你勒，如果有人對伊西絲不尊重，你會怎樣？

我會跟他説：「先生，您的行為讓人難以接受……

我要求您馬上道歉，否則要您好看！」

呿……真白癡……

12譯註：不屈法國黨（La France insoumise，簡稱LFI）是一個法國的左派政黨，由尚・呂克・梅蘭雄於2016年創立

261

如果真的一切都平等，埃及就不會有金字塔，我們的醫生也不會有掃描儀器了。

是沒錯，可是為什麼那些什麼都沒有的人，願意為了讓其他人變得有錢而工作呢？

孩子們啊，你們要知道，那1％的財富……

並不是都是現金啊！他們沒辦法就這樣花掉！！

那些都是股票、是公司！

是他們在推動經濟，在創造就業機會。

如果那些人不在，那剩下99%的人都會完蛋！

好吧⋯⋯你那個缺人的朋友，他要聘請我哥哥嗎？

他會是個超讚的服務生，他很喜歡跟人接觸，而且他很有趣⋯⋯

痾，好，你給我他的履歷⋯⋯

話說，那是一間米其林三星級餐廳，所以有學歷和儀態要求。

有的有的，他當然有學歷跟儀態！

他住哪？

奧貝維埃[13]。滿遠的⋯⋯

好啦，給我他的履歷。

[13]譯註：奧貝維埃位於巴黎郊區，屬於大巴黎。

265

然而，最有錢的人
每天的財富在翻倍成長的同時，
其他人的購買力卻在下降。

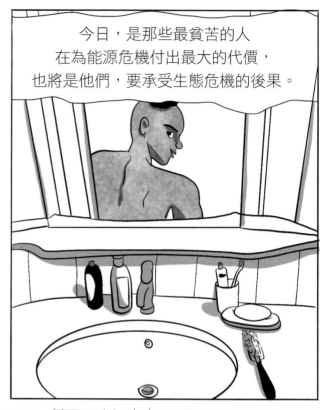

今日，是那些最貧苦的人
在為能源危機付出最大的代價，
也將是他們，要承受生態危機的後果。

黃背心運動抵擋住了警察的
橡膠子彈，卻遇上了疫情⋯⋯

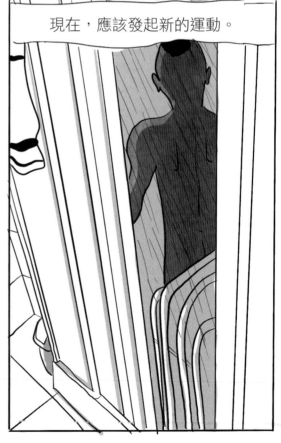

現在，應該發起新的運動。

當我們的政府
沒有能力改變這個
威脅人類生存的
制度時⋯⋯

當社會正義蕩然無存，
極右派成為唯一的
前景時⋯⋯

⋯⋯我們就有義務
用一切的力量
和手段去反抗。

那是保羅·塞律西埃[14]。

我還滿喜歡的，可是有點看膩了……

那光影真屌……

好像在科幻世界裡……

歐瑪？

瓦萊羅阿姨？

[14]譯註：保羅·塞律西埃（Paul Sérusier，1864-1927），法國畫家。

科幻世界，哈哈！

那光影是真的出色。

你知道他的顏色理論嗎？他認為要簡化顏色。

精煉形狀，不混合顏色，直到回歸幾何。

他認為應該要簡潔。

追求本質。

我有一本塞律西埃的專書，你懂得欣賞他的作品，給你！

噢，不用啦，不用，我什麼都不拿，謝謝！……

我剛到那間公寓的時候，認識了街上的理髮師、麵包師傅、商人，我們有時候會在樓下的酒吧遇到，後來變成了朋友。

他呢……他對他們很友善，但我感覺，對他來說，要和那些人變成真正的朋友是不可能的。

就好像他們是裝飾品……不是真實的人物，而是某種角色，就像藍色小精靈一樣。

什麼，他沒有朋友嗎？

有，他有，他有很多朋友。

他們都是商學院或工程學院出來的。

他不需要錢，還租房間給你，代表他跟你很要好！

他在商學院受到很大的挫折……

我覺得他會願意租房間給我……

是因為這樣讓他能夠像在預班的時候一樣思考，就只是個遊戲而已。

我是他圈子外的存在！不過我們也是真的變得很要好。

這些人讓我難受的地方，就是他們連自己在吃什麼都不知道。

就算給他們一塊貓肉排，他們吃不出來！

噢，快看，是冠鸕鷀!!!

舅舅,我好驚訝,
你這麼開明。

你讓伊西絲和
歐瑪約會,都不覺得
有問題,還和他
聊了很多……

要是是我爸,
才不會這樣!

噢對,你也
知道……!

279

你表妹她很有個性！如果我直接叫她不要跟某個男生出去，她一定會馬上把我趕走！

不過這樣也很好，我沒有把她教成一個盲目順從的人。

哈哈，沒錯！！

反正，他們在一起的樣子太可愛了，我從沒看過伊西絲這麼黏一個人。

噢對，別想太多，他們也才17歲……！

她九月要進藝術學院了，歐瑪則是要跟他爸一樣去做體力活……如果他還有精力的話，週末再去畫畫……

我跟你說，伊西絲會在學校遇到更出色，更亮眼的男生！

是嗎，所以你其實不喜歡他囉？

喜歡，喜歡，他是個好男孩。

你知道嗎，我向他提議幫他付想要讀的藝術學院的學費。

他拒絕我了。

他是個好男孩，但有點軟弱。他完全不適合伊西絲。

我覺得他們兩個能長久。

我跟你們説啦，我們就是想要擠進馬卡龍盒的洋芋片……

你們在找什麼嗎？

塔莉雅，你快回答，
女生比較容易過……

我們在找莫內廳的
寫生工作室，在B翼，2樓？

右手邊，
第二個
樓梯。

謝謝！

Beyond 84

區判：品味與美學的知識漫畫

La Distinction: Librement inspiré du livre de Pierre Bourdieu

原　　著	皮耶‧布赫迪厄（Pierre Bourdieu）	電　　話	02-22181417
改　　編	蒂法恩‧里維埃（Tiphaine Rivière）	傳　　真	02-22180727
副總編輯	洪仕翰	客服專線	0800221029
責任編輯	陳怡潔	法律顧問	華洋法律事務所蘇文生律師
行　　銷	張偉豪	印　　刷	呈靖彩藝有限公司
封面設計	萬聖安	初版一刷	2025年1月
排　　版	關雅云	初版三刷	2025年2月
		定　　價	580元
出　　版	衛城出版／左岸文化事業股份有限公司	Ｉ Ｓ Ｂ Ｎ	9786267645017（紙本）
發　　行	遠足文化事業股份有限公司（讀書共和國出版集團）		9786267376997（PDF）
地　　址	23141　新北市新店區民權路108-3號8樓		9786267645055（EPUB）

La Distinction de Tiphaine Rivière
Librement inspiré du livre de Pierre Bourdieu
© La Découverte - Éditions Delcourt, 2023
The script of this book is freely inspired by Pierre Bourdieu's *La Distinction. Critique sociale du jugement*, Les Éditions de Minuit, 1979, nouvelle édition de 1982.
Publish by arranfement with Éditions Delcourt through The Grayhawk.
Chinese Complex character translation ©Acropolis, an imprint of Alluvius Books Ltd. 2025.

Cet ouvrage, publié dans le cadre du Programme d'Aide à la Publication « Hu Pinching », bénéficie du soutien du Bureau Français de Taipei.
本書獲法國在台協會《胡品清出版補助計劃》支持出版。

照片來源
page 175 : © Oz - In pieces
pages 177 et 178 : © Oz - Series : The frame of abundant misery

國家圖書館出版品預行編目（CIP）資料

區判：品味與美學的知識漫畫／皮耶‧布赫迪厄（Pierre Bourdieu）原著；蒂法恩‧里維埃（Tiphaine Rivière）改編；陳詠薇翻譯. -- 初版. -- 新北市：衛城出版，左岸文化事業股份有限公司出版：遠足文化事業股份有限公司發行，2025.01
　　面；　公分. --（Beyond；84）
譯自：La Distinction : Librement inspiré du livre de Pierre Bourdieu
ISBN 978-626-7645-01-7（平裝）

1.CST: 社會生活 2.CST: 社會階層 3.CST: 漫畫 4.CST: 法國

541.7　　　　　　　　　　　　　　　　　　　113018876